AF428564

El fúnebre cantar del cisne blanco

El fúnebre cantar del cisne blanco

GUILLERMINA CONSUELO SANSARICQ GONZÁLEZ

Editorial Primigenios

1era edición, Miami, 2021

© De los textos: Guillermina Consuelo Sansaricq González
© Del prólogo: Norge Sánchez
© De la presente edición: Editorial Primigenios
© Del diseño: Eduardo René Casanova Ealo
© De la ilustración de cubierta: Behance
ISBN: 9798710715857

Edita: Editorial Primigenios
Miami, Florida.
Email: editorialprimigenios@yahoo.com
https://editorialprimigenios.com

Edición y maquetación: Eduardo René Casanova Ealo

TODAS LAS EDADES DE UNA NIÑA

Una niña puede tener la edad de cien años y verter en las páginas de la poesía. Y es que domesticar las palabras para que vengan juntas a pastar en la página en blanco o dejarse acariciar desde el incendio de los volcanes para terminar siendo la llanura fértil de la vida, es un milagro que sólo se nos da desde las manos de una poeta como Guillermina Consuelo Sansaricq González. Ya me dirá el lector, cuando Editorial Primigenios coloque en sus manos este libro donde han venido a juntarse como en el maravilloso valle de la vida buena la sensibilidad y la entrega de esta cubana maravillosa que nació en otro siglo.

¿Qué hacer con el instante de las dudas? ¿Hacia dónde nos llevará la existencia ante esta necesidad permanente de tomar decisiones? Es obligación vivir para que podamos inaugurar el camino, ese único sendero que forman todos los trillos de la cotidianidad.

Cocuyo, pulpo, abeja, casi imperceptibles compañías de la naturaleza nos acompañan en estos momentos de placentera lectura. La familia desde todos los nuevos ángulos que se presentan en la modernidad del modo de conducirse nuestra nación abierta a todos los ángulos del planeta, pero que nos faltan y ocupan su merecido lugar en esta poesía y sus reclamos de ternura. También vamos a encontrar al que se va, cuando tiene que irse y nos deja la sensación de que al quedarnos, un poco de nosotros también termina yéndose. ¡Qué gusto escudriñar entre los dedos de esta mujer que tanto nos deja con tan pocas palabras! Yo, estuve enamorándome todo el libro. Usted, lector, ¡ya me dirá!

Norge Sánchez
Venezuela, 15 de febrero del 2021

A mis hijos, nietos, familia

y a los amigos cercanos en espíritu y corazón.

EL FÚNEBRE CANTAR DEL CISNE BLANCO

En este amanecer de luna plena

el cielo abre su palio.

Parece de olas quietas.

Tan sólo él y yo. Testigos insomnes.

Desde el centro, miro como al Caimán

le tiemblan las entrañas del oriente,

y en el oeste, sube la marea.

El Niño amenaza la quietud.

¿Qué destinos oscuros nos rodean?

Pregunto, y miro al firmamento.

¿Serán acaso las visiones que preceden

el fúnebre cantar del Cisne Blanco?

A LA DERIVA

Fue en un octubre de luto,

recién las bodas de oro.

Me arrancaron un tesoro

muy preciado y absoluto.

Fue un viaje no diminuto.

Su grandeza disfruté,

por ser el único que

llegó a las profundidades

y mostró las realidades

de un mundo que ya se fue.

Mi barco está a la deriva.

Sin rumbo se balancea

a merced de la marea,

ola abajo, ola arriba.

Es viaje que no cautiva.

Mi barco no es de papel.

¡Ay, mi Dios!, ¿Y el timonel?

¡Ayúdame a revivirlo!

¿Quién va ahora a conducirlo?

¿Cómo podré anclar sin él?

ABUELO Y MAMBRU

...murió sin cantos ni honores.

GCSG

Busco su foto vetusta.

Agito al tiempo que erosiona mi existencia.

Abuelo era tan negro...

Mambrú se fue a la guerra.

Abuelo también.

Mambrú no regresó.

Abuelo sí pero nadie lo supo.

¡Que dolor, que dolor, que pena...!

ASTROS

Cuando en brazos del cielo cae la luna,

sin ruidos se acomoda en su aposento,

para ver como tierra, mar y viento

ofrecen su esplendor a la comuna.

Cuando lento al ocaso marcha el Sol,

tras su quemante andar va dibujando

la estela de un adiós, que tremolando

gira como en su tallo el girasol.

Cuando no están los astros en el cielo,

en mi ser desvanece la esperanza.

Necesito su luz y su confianza.

Necesito su apoyo y su consuelo.

CAMINO DEL SILENCIO

Sentías que este ya no era tu lugar.

Malograste el intento de evitar su adiós

antes que el tuyo.

El meconio permaneció en la inercia.

Se te enlutó la sien.

Sentías que este ya no era tu lugar,

y seguiste el camino, tras su huella.

CONTRA RELOJ

Mi vida está colgada en la pared.

El reloj indica cuatro a.m.

Sufro. Se acorta el camino,

sin haber alcanzado mi deseo.

El tren es enorme. No acierto al vagón,

pero ¿si monto...?

CÚPULA

Algunas gentes quieren a cualquier precio
tener influencia y que se hable de ellos.
Allí donde no pueden ser oráculos son bufones.
VH

Orquesta con ingenio de felino.

Sube la fiera. Cúpula buscaba.

Ni en su lámpara mágica Aladino

divisó la tormenta que afloraba.

De clases magistrales se instruía.

De nata inteligencia se rodeaba;

llegar hasta la cima, garantía

del éxito rotundo que tramaba.

... hoy la fiera prescinde de lecciones.

En su agenda importados anfitriones

llenan la carpa, cubren las funciones.

La fiera muestra garras, pone leyes.

El circo por ciudades y bateyes.

¿La carreta? Delante de los bueyes.

DESPEDIDA

Yo quiero que las flores no se ausenten,

el día en que me toque la partida

y aunque sea una lágrima se vierta,

en el último adiós, hacia la tumba.

Después que se me siembre nada quiero,

pues ya de nada valen las congojas.

Hay que sellar por siempre los espacios

cuando se marcha hacia otras dimensiones.

No es un canto a la muerte, es que el morir,

impone retos a quien no vislumbra.

Es un canto difícil de entender.

Que ni en sueños me sueñen los que viven.

De los que viven quiero los afectos

Para que estén conmigo donde vaya.

DESTIERRO

22

Un solo apellido,

los ojos redondos,

de ébano el color.

No arrastraré la saga,

destierro su herencia.

Mi verdad es hoy.

EL ÁNGEL

¿Designio?

¿Maldición?

A veces las costumbres se hacen leyes.

Ciertas leyes esclavizan.

Yo no nací para arrastrar cadenas.

Por suerte, para mí

las leyes perdieron el color

cuando supe, que la tragedia

puede cambiar su nombre,

el sol sus destellos,

Dios y nosotros; diferencias.

Abuelo; yo soy el ángel negro que pedías...

ELEGIA AL MÁXIMO

24

Ibas como serpiente sin cabeza

a encontrarte de bruces con el mar.

Llevabas del camino la belleza,

retratada con pétalos de azahar.

Corrías, sin pensar que en tu torrente,

alguna vez pudieras disiparte,

mas llegó la crueldad del indolente,

a mutilar la cita de abrazarte

con el mar ¡Y ya nada es como antes!

Ya no mojas los pies a los infantes.

Ya no puedes al Niágara imitar.

Río que el barco de papel llevabas.

Río que en tu corriente me arrastrabas.

Ya no río. Das ganas de llorar.

ENCERRONA

Fantasma que atormentas mis andares,

Insomnio que interrumpes mi descanso,

Déjenme dialogar con el remanso

del viento que disipa los pesares.

¿Por siempre he de contar del mosquitero,

los tantos orificios de su techo?

¿Serán en mi agonía noche y lecho

Indicios de un final no placentero?

¿Por qué se empeñan en ceñir mi estampa?

¿Por qué han de deleitarse en mi figura?

Me rehúso a caer en esa trampa,

porque sé, que esa trampa no perdona.

¿Usar un antifaz? ¿Enmascararme?

¡Aleja de mi ser, esto que encona,

tú, viento que disipas los pesares!

ESCRIBO

Tomo la pluma.

Escaneo mi mente.

...escribo, escribo, escribo.

Después, atenta al qué dirán,

con la pluma en la mano

y la mente en la pluma,

corrijo, corrijo, corrijo...

FARFALLA

Si no existiera la música,
ella inventaría el vuelo.
Si no existiera la danza
ella sería el viento.

Excilia Saldaña

No dijo adiós la excelsa mariposa,

al clamor, al latir del escenario.

No dijo adiós, el lente visionario,

perpetuó su debut. Esplendorosa,

nacida para el vals sobre las puntas,

en vuelo de infinita trayectoria,

voló; se hizo dueña de la gloria

entre gritos y aplausos,

       siempre en puntas.

Tutú rosa vestía la Farfalla,

que al danzar, relució como las joyas.

Dueña absoluta, que marcó su talla,

como el sol cuando brilla

          y no se posa.

El astro alumbrará sus derroteros,

para siempre tener... la Mariposa.

FILOSOFÍA

Cantan los gallos.

Se despereza el sol.

Los árboles parecen

una fotografía.

Quiero ser lluvia,

para que a mi paso

sonrían las cosechas,

y los ríos se inunden

con mensajes al mar.

Para empujar

el barco de papel

que cruza sin grumete,

con sueños del infante

que cree ser capitán.

Para golpear ventanas

que ocultan las cuitas

de los enamorados.

Para que al contraer nupcias

con los rayos del sol,

surjan siete colores

allá en el horizonte.

Quiero ser lluvia,

aunque ablande la tierra

que enlodará los pies.

INCOHERENCIA

I

Compostura infantil.

Paseos desesperados.

Lágrimas de ansiedad.

Añoranza por los muertos.

II

Indiferencia.

Maltrato.

Desprecio.

Muerte.

III

Reparto de bienes.

Inconformidades.

Olvido total.

¡Maldita barbarie!

INDIFERENCIA

Duele, la marca del tiempo

que enturbia la existencia,

la erosión de los días y las noches,

el árido camino del desdén.

Duele, que en un cerrar de ojos

los tuyos ya no estén,

que nadie reclame tu presencia.

La indiferencia.

¡Ay, mi Dios!

¡Como duele!

JURAMENTO

A mi madre.

Nací sin pan,

crecí sin pan,

lloré por pan.

Tantas veces vi

como buscabas mi sustento.

Otras muchas te vi

sufrir al no lograrlo.

Quién desconoce el hambre, ignora

lo difícil que resulta la existencia.

El día en que dejé de llorar

lágrimas de hambre

y pude soñar sin desvaríos...

Te juré este poema.

LA ROSA DE JERICÓ

Jericó, te quiero erguida

para eliminar la angustia.

No quiero una rosa mustia,

eternamente dormida.

Despierta, llena mi vida,

alumbra mis pensamientos,

y en los más tristes momentos,

ayúdame a levantar

los sueños, para elevar,

al podio mis argumentos.

...ya se está asomando el verde,

luego de un gemir de empeños,

para alejar malos sueños,

que laten cuando se pierde

lo querido, cuando muerde

un caimán en las entrañas,

y laboran las arañas

en las flores de un jardín,

que trata... de poner fin,

al ruedo de las marañas.

MI VOLUNTAD

Más allá de las fuerzas de los vientos.

Por sobre las corrientes de la mar.

Encima de las grietas

por los sismos, mi voluntad.

Aquí, donde se bate la nobleza

con reglas sobre lucha contra el mal.

Aquí, donde persisten

los agravios,

mi voluntad.

Aquí, allá, donde quiera que esté.

Aquí, allá, donde quiera que vaya,

por sobre incomprensiones

de este mundo, mi voluntad,

mi voluntad, mi voluntad.

SICARIO

Tiembla la impotencia.

Por todas partes, abismos y abismos.

El tiempo es un sicario.

Sin percibirlo te llena de estridencias.

Vivir sin ser, no reconforta.

Se necesita un alma trepadora,

para escalar peldaños.

Todos queremos sortear abismos,

llegar, reír.

Tiembla la impotencia,

el tiempo es un sicario,

y yo, continúo sin reír.

a pesar de añorar las carcajadas.

MI ABUELA

Abuela fue lavandera.

¡Como lavaba!

Abuela fue planchadora.

¡Como planchaba!

Abuela fue cocinera,

      limpia pisos, fregadora.

víctima fue abuela.

MI ABUELO

Abuelo era negro, muy negro...

Su espesa cabellera parecía de merengue.

Una alegría sobrenatural

esbozaba su sonrisa.

Me enseñó la canción,

El son de la bibijagua.

Abuelo tenía las piernas enfermas.

Con bastón iba al conuco.

Amaba la tierra.

Sentado en su taburete

       después de trabajar,

bebía café y mascaba tabaco.

Abuelo aún era un niño

cuando se fue a la guerra.

Abuelo conoció la burocracia.

Fue veterano sin carné.

Abuelo era mi padre.

Abuelo era mi abuelo.

Abuelo era mi vida.

MONARCA

A Alejandro, pintor de mi comarca.

Posé para un pintor cuyos pinceles,

bojearon todo el óleo de mi estampa.

Al posar, sin saber caí en la trampa

que profanó una inmadurez de mieles.

Posé, con el pincel dejó una marca,

enclaustrando mi esencia. ¡Que osadía!

En el trazo dejaba cada día

su sello distintivo de patriarca.

Posé, ahora conoce mis secretos,

mis mañas, mis costumbres y mis retos.

Es quien tiene la llave de la puerta,

quien tatúa la fruta de mi huerta.

Posé. Ese pintor es el monarca

que engendró la matriz de esta comarca.

NADIE

Los laberintos de la intriga

son difíciles de transitar.

Cuán difícil es llegarle al fondo.

Cuando el hombre

se convierte en instrumento de ella;

No es él, ni este, ni aquel. No es nadie.

OLVIDO

Me atormento. Yo sé que la distancia

pudiera ser la causa del olvido.

Extremo de una cuerda —distendido—

se agolpa más y más

        en la inconstancia.

Desechos los espacios que pululan

alrededor de insomnios y de ruinas,

no ondean ya tan libres, ni cortinas

de imágenes, en sueños acumulan.

Hay sombras.

Carcomientes y voraces

dañaron los cimientos de la espera.

La vida sigue y yo con mi quimera,

trazaré otro peldaño en los antojos,

para cuando el mundo abra los ojos,

la luz de mi esplendor sea primera.

Despacio adviene la mañana.

Las sombras se resguardan.

Los charcos simulan espejos

que irradian tonos verde amarillos.

Son ojos de ranas,

iluminando un concierto

            sin clave de sol.

Ruidos de automóviles

retumban sobre el lecho

donde reposa el silencio.

Salpicados los pies,

húmedos los sombreros,

chorreantes los paraguas

continua la vida,

mientras sigo a la espera

del primer transeúnte

que al divisar la oferta,

        deguste mi café.

¿Por qué a la misma hora libar quiere

con ansias de una flor en mi jardín?

¿Del harén su elegida es querubín

que el néctar del encanto le confiere?

Alado de pequeñas dimensiones,

equilibrista en coloreado vuelo,

trashumante Don Juan que incita al celo

de la doncella flor y sus pasiones.

En tu figura guardas un mensaje

que dejas a tu paso desde antaño:

<El amor no se mide por tamaño>

Dilo tú que aleteas mi paisaje.

Como un adorno tu figura usaba

en sombreros las damas europeas.

Tuvieron que acudir los albaceas

para salvar la especie que mataban.

¿Por qué apropiarse de su bien señoras?

¿Por qué truncar el don de su hermosura?

Aquella flor clamando está ternura,

respeten su sentir ¡Por Dios señoras!

Cuan bello es ver las cosas del andén

donde el pintor las diseñó y dio vida

Credo al señor, la tierra concebida

A la intención de esta elegía. ¡Amén!

PASAJERA

Estoy de pasajera en esta nave,

de la que nunca fui, ni podre ser

la excepción de este mundo sin entrañas

donde presiento mi futuro hoy.

Seré el polvo estresante del camino.

Seré el hollín de abandonada estufa.

Seré la huella amarga del pasado,

el desecho del tiempo; Seré, nada.

PREFIERO

54

Si yo tuviera alas emprendería el vuelo.

Si tuviera aletas nadaría.

Si tuviera una nave, iría al cosmos.

Como no tengo alas, ni aletas, ni nave,

        prefiero dejar de soñar.

PATAS ARRIBA

Días de estrellas.

Noches de sol.

Canta la muerte.

Llora la vida.

Patas arriba.

¿Aún queda amor?

PERDEDORA

56

Por ser como soy no estoy.

Por no estar he fracasado.

Por fracasar he perdido.

Por perder ni estoy ni soy.

PERSISTENCIA

Quiero navegar.

Hay algo que lo impide.

El ancla me varó sin tocar fondo.

Entre el ancla y el fondo hay un abismo.

Entre el abismo y yo:

Mi persistencia.

POR

Pobre los que no saben distinguir.

Infelices los que viven

sin apreciar el mundo que los calza,

el aire que bojea su cuerpo,

la verdad de su existencia.

Esos cuyas razones presumo,

son los mismos que

a diario juzgan los tribunales

por indolentes, por ignorantes...

por comemierdas.

POR UN POCO DE ABRIGO

A veces el que puede no quiere

Y el que quiere, no puede.

Entonces... el necesitado, aguarda.

PROMESA

Me pides que no oculte la verdad:

Te lo prometo. Me pides que defienda

su razón: Te lo aseguro.

No importan quienes obvien

el llamado del monte.

No importan quienes

pretendan disimular

el ancho relieve de sus labios.

No importan quienes cierren

los ojos ante la luz del sol.

Hay verdades que no se ven,

pero corren por las venas.

Otras, como las mías, además de correr

por las venas, son visibles.

PULPO

Ocho brazos, tres corazones.
sin sangre azul.

Al pulpo se le están cayendo brazos.

En los ojos solloza decadencia.

No tiñe, lo derrumba la impotencia,

entre olas, arrecifes y sargazos.

Como el pulpo se va tornando viejo,

le precisa pulir sus miradores,

le precisa husmear depredadores

con el lente visor del catalejo.

Si un desliz en el cruce por los mares

al pulpo le restara inteligencia;

extraviaría el rol de sus andares;

porque en una avalancha, los ingratos,

en vez de liebres le darían gatos,

y su poder de pulpo... a calamares.

QUE IMPORTAN

Que importan los siglos

cuando quedan horas.

Que importan las horas si para el final,

los días son siglos de escasas demoras.

El tic tac, sin pautas va a un trote abismal.

Que importa si el tiempo

ni ordena ni manda,

sí en su cartapacio no hay palabra amor,

si ya se apagaron por tenue demanda,

los brillantes rayos del colimador.

Ahora la zozobra, la angustia, la espera

y un inevitable deseo de paz,

crispan mis entrañas, pues sé que la era,

en su retroceso aborta el quizás.

REPENTINO

Un repentino acontecer nubló mi vida.

De angustia y soledad llenó mi alma.

Volaron las palomas sin retorno.

Repicaron campanas

por las nupcias deshechas,

que juntos Dios y el tiempo habían pactado.

Es cóncavo el desquite

que trasformó mi suerte.

Es lúgubre la cara del tabú.

... Y desde entonces busco poesía,

en tu regazo asilo.

Mi jardín sin El Príncipe Negro se quedó.

La soledad trastorna, la soledad deprime.

La soledad, por necia, es quien debe morir.

RUPTURA

Nada es más hermoso en el hombre
que su poder de realizarse en medio de las ruinas.
Alejo Carpentier

El ánfora rebosa

los límites. No escondo

cuando salen del fondo

realidades. De rosa,

mi corazón reposa,

al conocer que nace

del engendro la frase,

la fuente que estimula

decisioncs y anula

aquello que deshace.

Quisiera ser el hombro

donde acuestes tu pena.

Que nunca vaya ajena

al reto del asombro,

cuando amague el escombro

con dañarte las sienes

y descubras que vienes

bordeando un laberinto

y muestres el instinto

y la hombría que tienes.

Conozco tus entrañas.

Nacieron de las mías.

No son necias ni frías,

e inmunes a cizañas,

no entienden de guadañas,

ni temen a la muerte.

Es voluntad el fuerte

destinado a esgrimir

armas y revertir,

hasta la mala suerte.

Los mensajes no llegan.

¿Acaso interceptaron la botella?

¡Piratas!

No estoy en Creta ni soy Talo.

Mi isla está aquí,

tiene como yo muchas arterias.

La sangre llama.

Se avizoran caminos.

FUE

68

Para saber quién soy me miro al espejo.

El Cíclope no reconoce mi fisonomía.

Se opacó el brillo.

Se perdió el encanto.

La imagen... No se refractó.

SIN SOBRESALTOS

Aunque callo, no imagines que otorgo

ni doy fe a oscuras pretensiones.

Aspiro conocer el mundo,

navegar en sus corrientes.

Desprecio la debilidad del empirismo,

las doctrinas del mal,

aparto abrojos.

Busco incesante, maneras que me plazcan.

Si deambulo por las calles del peligro;

toma mi mano.

Guíame sin dilaciones,

hasta donde pueda viajar sin sobresaltos.

SOMBRAS

Escribo poemas.

Nacen del vientre oscuro

que habita mis entrañas.

Si pudiera cambiar su nitidez, no dudaría.

Trato de malograrlos

de parir versos nuevos,

versos radiantes de colores,

que iluminen mi interior con sus matices.

Cubiertos por los vicios hoy los hombres,

perdidos en la fórmula de amar,

llevamos dentro el germen y los nombres

de las plagas que pugnan por matar.

¿Y cuál será el final? ¿Y qué caminos

inhóspitos e inciertos nos esperan?

¿A quién importa que los peregrinos

miren de frente al mundo cual si fueran

gendarmes de la envidia y la lujuria?

Ondea sobre el asta un estandarte.

Insiste el mirador en invitarte.

Sólo un milagro cambiaría el giro.

¿Son siete los pecados capitales?

Más de siete cargamos los mortales

TRAS SUS HUELLAS

Cuando en brazos del cielo cae la luna,

sin ruidos se recrea en su aposento,

para ver como tierra, mar y viento

se ofrecen a su vez a la comuna.

Cuando lento, al ocaso marcha el sol,

tras su cálido andar se va quedando,

la estela de un adiós que tremolando

gira como en su tallo el girasol.

Cuando no sale sol, luna ni estrellas

y se opacan luciérnagas en mayo,

busco en el infinito a ver si hallo

el refugio que esconden

tras sus huellas.

TU REY Y EL MÍO

Cualquiera puede dominar el sufrimiento,
excepto el que lo siente.

Shakespeare

Tu Rey, era también el mío.

No fue un hombre cualquiera.

Aunque de carne y hueso

se igualaba a la cera.

Derretía. Por eso,

su excesivo calor,

colmaba los espacios

con néctares de amor.

Ese, nuestro Rey, siempre tuvo

la risa más despierta,

la mirada más pura,

que imantaban la puerta

de varonil figura.

Cometió ante mi ley

deslices amorosos.

Seguía siendo El Rey.

¡Señor! Ha partido mi Rey.

Me mira desde el cielo.

Allí donde me espera,

para seguir con celo

nuestra habitual manera.

El palacio de luto.

Sola cuido del cetro.

En el trono no hay Rey.

No escapo de su asedio. Me olfatea,

me acecha, me delata, me golpea.

Sabe cómo rasgar mi tesitura

en el mismo lugar de la fisura.

Me exaspera y consume a cada instante.

Sola no sé qué hacer. Es inquietante.

Perturba mi razón y hacia el olvido

sin remedio me voy. Piedad no pido.

Solo pido un lugar que me guarezca,

un rincón necesito, donde crezca

la valentía que requiere el solo

para vivir sin miedo, pues sin miedo,

es la única manera con que puedo,

vetar al oidor desde mi polo.

VUELVE

Y fuiste tras nueva vida

dejando un lecho en espera

Y un engendro que exaspera

al llorar por tu partida.

Tu engendro lleva una herida

difícil de suturar.

Mas es su anhelo soñar

despierto ahí en tu regazo.

Vuelve a él. Existe un lazo,

Imposible de vetar.

ABRAZO VIRTUAL

Cuando decidí ser madre

          quise hacerlo bien.

Jamás pensé que el mar pudiera separarnos.

Tampoco imaginé

        que con una prole tan numerosa,

en la vejez, mis días se redujeran

                a la espera.

Espera de una hora

en la que a través de un cristal,

borráramos distancias,

mientras con lágrimas ocultas,

añorara la calidez de un abrazo.

Un verdadero abrazo, no un abrazo virtual.

ALIVIO

Se me han secado las lágrimas

de tanto trasnochar.

La vida cambia de color.

También lo hace el lagarto

que frente a mí, caza una mosca.

Por las noches,

cuando más pesa la soledad,

llega un cocuyo.

Alumbra el aposento.

Lentamente se cierran mis ojos.

Es como si alguien

llegara de otras dimensiones,

como si el embeleso de una fuerza superior

tratara de apartarme de tanta soledad.

BALANZA

Los laberintos de la desesperación

estrangulan mi complacencia.

Todo ha cambiado.

Turbios se encuentran los caminos

que antes guiaban a cualquier caminante.

El amor casi no existe.

El mundo se está inclinando

como la Torre de Pisa.

Desconocemos cuando dará el zarpazo.

Pobre gente de Italia.

Pobre gente del mundo.

La balanza está perdiendo el fiel.

REGRESO

Al Gabo

En Cartagena de Indias. ¡Qué alegría!

Mariposas de lujo cortésmente,

reciben las cenizas del ausente

hijo, para rendirle pleitesía.

Si pudiera danzar la fantasía,

un pas de deux con gran amor danzara.

La soledad cien años amainara

y en mil siglos de luces reinaría.

¿Qué sería del mundo? ¿Qué sería

la civilización sin los cultores?

¿Supieras de Valjean los sinsabores?

81

¿Del Quijote su andar con Rocinante?

¿De la obra maestra hecha por Dante?

¿Del final de Macondo y los Buendía?

PROSCRIPTO

Suena el arpa, las flores se adormecen

tras los acordes de su melodía.

Son efluvios sonoros que estremecen

al dolor de una génesis impía.

Si murieran quizás mis sentimientos,

¿a quién culpo? No encuentro la salida;

mas si el proscripto invoca esos momentos,

es entonces que paro su envestida.

Atontada, a punto del colapso

bandera blanca agita mi conciencia.

Las guerras por amor, sin experiencia,

son caldo de cultivo a la inconstancia.

Necesario es lanzarse a la batalla.

Las cuerdas yacen rotas. Todo calla.

A CONTRALUZ

Juego de naipes. Urdimbre.

Espera catapultada.

Por tanto tiempo eclipsada,

se me ha hundido hasta la cimbre.

Mellas se ha hecho en el timbre

de una inocencia sin luz,

para desasirle sus

atributos virginales.

Por tu harén, los mil cristales,

de mi vida fueron cruz.

Cruz erguida en sotavento

de ignota naturaleza,

que se afianzó en la corteza

desdeñosa del lamento.

Ahora del lado del viento,

me pongo a prueba ante tus,

desafueros , contraluz.

En la proa bulliciosa

capitaneo orgullosa.

Ya aquella cruz, no es mi cruz.

LA ERA

La Era está pariendo un corazón.

Silvio Rodríguez

Remota. Lejos. Tan lejos

se aprecia la luz del día,

que la asustada agonía,

busca con ojos perplejos,

a ver si encuentra reflejos

del camino al porvenir.

¿Patas arriba? ¿Vivir

nadando contra corriente?

¿Habrá un arca en el poniente?

Puja, puja, noche y día.

¡Acaba ya de parir!

ÍNDICE

1. *¡Cosa más grande la vida!* Humor. José Luis Riverón Rodríguez.
2. *¿Cuba... qué linda es Cuba?* Narrativa. Hebert Poll Gutiérrez.
3. *"Uno por aquí"* y yo, en la pandilla del barrio. Novela. Noelio Ramos Rodríguez
4. *1932, Dios, revolución y libertad.* Poesía. Carlos Salina Granda (Perú).
5. *1968 y el cine, Memorias del 3er Encuentro de la crítica cinematográfica.* Compilación de Pedro R. Noa.
6. *A quién pregunto por mí.* Poesía. Andrea García Molina.
7. *A veces, cuando el silencio.* Poesía. José Antonio Martínez Coronel.
8. *Abrazo a un búcaro sin flores.* Poesía. David Montero Figueredo.
9. *Actos en la tierra.* Poesía. Eduardo René Casanova Ealo
10. *Actos en la tierra.* Poesía. Eduardo René Casanova Ealo.
11. *Adiós Rembrandt y otros relatos.* Colección de cuentos. Manuel Antonio Morales Felipe.
12. *Adoptando a Mini.* Novela ilustrada. Marié Rojas Tamayo.
13. *Agradecido como un perro.* Poesía. Guillermo Hernández Montero
14. *Al diablo el que me lo pida.* Narrativa. Nuris Quintero Cuellar.

32. *Cacería*. Narrativa. José Hugo Fernández.
33. *Cancionero español: (Álbum de covers) Volumen 1*. Narrativa. Alejandro Langape...
34. *Cartas a Leandro*. Narrativa. Ramón Díaz-Marzo...
35. *Casco de Dios*. Poesía ilustrada. Marié Rojas Tamayo.

Catálogo de títulos publicados por la Editorial Primigenios entre 2019 y 2020

36. *Como arrullo de tórtolas*. Poesía cristiana. José Luis Riverón Rodríguez.
37. *Como en un sueño, la vida*. Poesía. José Antonio Martínez Coronel.
38. *Como salir de un país*. Poesía. Ricardo López...
39. *Como una mancha de peces*. Narrativa infantil. Miguel Ángel González Pérez
40. *Con ojos de piedra y agua*. Poesía. Ana Margarita Valdés Castillo
41. *Con un par de alas tremendas: Sonetos de vuelo popular*. Poesía. Juan Carlos García Guridi.
42. *Concierto para Denysse*. Poesía. Luis Mariano (Lewis) Estrada Segura

43. *Confesiones de mujer*. Poesía. Yasmín Sierra Montes.
44. *Cosas de un niño grande*. Infantil. Hebert Poll Gutiérrez.
45. *Cosas que vienen del cielo*. Narrativa. Yolanda Felicita Rodríguez Toledo.
46. *Crónica de una matanza impune, Persecución y asesinato de emigrantes canarios en Cuba*. Ensayo. José Antonio Quintana García
47. *Cuando aparecen los elefantes*. Libro infantil ilustrado. Norge Sánchez...

Hernández Acosta.

79. *El heno a cuestas: crónica de un duet(l)o en torno a la comunidad*. Ensayo. José Luis González-Almeida.

80. *El idilio de los iguales*. Narrativa. Alberto González...

81. *El imperio del silencio: A través del lenguaje de las tumbas, un recorrido por el Cementerio Cristóbal Colón de La Habana*. Ensayo novelado. Mario Darias Mérida.

82. *El maravilloso mundo de las libélulas*. Colección Eureka, ciencia y técnica. Jose M. Ramos Hernández.

83. *El maravilloso viaje de Kiko y ratón*. Narrativa. Manuel Roblejo Proenza.

84. *El marmolito mágico*. Juvenil. Gabriela Sánchez...

85. *El momento de las iniciaciones*. Poesía. Osmari Reyes García

86. *El monasterio interior*. Poesía. José Antonio Martínez Coronel.

87. *El nacimiento de la conciencia histórica. Conferencias en la Universidad del aire dictadas por Maria Zambrana*. Daniel Céspedes Góngora.

88. *El onceno mandamiento*. Narrativa. Marié Rojas Tamayo.

89. *El personaje y su leyenda*. Historia. Leonardo Depestre Catony.

90. *El polvo rojo de la memoria*. Novela. Eduardo René Casanova Ealo.

91. *El puente y otros relatos*. Narrativa. Eduardo René Casanova Ealo

92. *El que a buen humor se arrima, buen buena lo acobija*. Caricaturas. Ernesto Rodríguez Castro (Beli).
93. *El reino perdido de la Zapatucia*. Infantil. José Luis Riverón Rodríguez.
94. *El rosario del hombre de ceniza*. Poesía. Álex Padrón...
95. *El señor de las patas largas*. Narrativa infantil ilustrada. Nuris Quintero Cuellar.

96. *El silencio de los culpables*. Narrativa. Anisley Miraz Lladosa.
97. *El silencio que dicen*. Poesía. Abel German...
98. *El último sol*. Poesía. Miroslaba Pérez Dopazo.
99. *El velo de la certeza*. Poesía. José Antonio Martínez Coronel.

100. *Embestidas de la piel*. Poesía. Odalys Leyva Rosabal.
101. *Emigrados de fondo*. Poesía. Fernando Lobaina Quiala.
102. *En el límite*. Narrativa. Maritza Vega Ortiz.
103. *En la gruta del tiempo*. Narrativa. Felicia Hernández Lorenzo.
104. *En La Habana de ahora mismo, dos historias de Boston Franco*. Cuentos. Dagoberto José Valdés Rodríguez
105. *Enigmas de la otra*. Poesía. Nuris Quintero Cuellar.
106. *Entre piropos, dichos y refranes*. Décima. Noelio Ramos Rodríguez

107. *Eros*. Poesía. Armando Landa Vázquez.
108. *Es la hora de los hornos*. Poesía. Norge Sánchez
109. *Es la hora de los hornos*. Poesía. Norge Sánchez

145. *La isla de las hormigas rojas.* Poesía. Luis Mariano Estrada (Lewis).

146. *La isla del espanto y otros cuentos.* Narrativa. de Gisela Lovio...

147. *La isla preterida.* Poesía. Miladis Hernández Acosta.

148. *La Larga.* Narrativa. Ángel Osiris Milián.

149. *La luna frente al espejo.* Poesía. Luis Mariano Estrada (Lewis).

150. *La música del árbol.* Poesía. Adalberto Hechavarría Alonso.

151. *La oscura escalera.* Novela. Ramón Díaz-Marzo...

152. *La patria es una naranja.* Poesía. Félix Luis Viera.

153. *La peña de Horeb.* Poesía. José Antonio Martínez Coronel.

154. *La sangre del marabú.* Narrativa. Argenis Osorio Sánchez.

155. *La sombra de Sísifo.* Poesía. José Antonio Martínez Coronel

156. *La sombra que pasa.* Poesía. Miladis Hernández Acosta.

157. *La veda del dinosaurio.* Narrativa. Edgar Estaco Jardón.

158. *La venganza del contrario.* Narrativa. Odalys Leyva Rosabal.

159. *La vida húmeda.* Cuentos. Carlos Alberto Casanova.

160. *La virgen sumergida o cómo mataron a Charo.* Narrativa. José Luis Riverón Rodríguez.

161. *Las arenas del tiempo*. Poesía. José Antonio Martínez Coronel.

162. *Las dunas de la espera*. Poesía. José Antonio Martínez Coronel.

163. *Las hadas calzan botas*. Poesía infantil ilustrada. Clara Lecuona Varela.

164. *Las Hijas de Sade*. Narrativa. Guillermo Vidal y Maria Liliana Celorrio.

165. *Las náufragas porfías*. Ensayo sobre la obra de Dulce María Loynaz de Miladis Hernández Acosta.

166. *Las rosas que mañana (un museo para Dulce María)*. Poesía. Mariana Enriqueta Pérez Pérez.

167. *Las sendas escabrosas*. Poesía. Yasmín Sierra Montes.

168. *Las tablillas de Diógenes*. Poesía. Eduardo René Casanova Ealo.

169. *Laurel y orégano, la hora en que no muere nadie*. Narrativa. Marié Rojas Tamayo.

170. *Laverna*. Poesía. J. W. Riter.

171. *Lengua de sapo, relatos hiperbreves*. Narrativa. Edgar Estaco...

172. *Levitas del siglo XXI*. Ensayo. José Luis Riverón Rodríguez.

173. *Libro de los prójimos*. Poesía. Miladis Hernández Acosta.

174. *Libro negro del desencantado*. Poesía. Eduardo René Casanova Ealo.

175. *Los años del principio*. Novela. José Gutiérrez Cabanas.

176. *Los caminos del agua*. Poesía. Armando López Carralero.

177. *Los cerezos de tu vientre*. Novela. Yasmín Sierra Montes.
178. *Los cuentos más tontos del mundo*. Narrativa. Ronel González Sánchez.

179. *Los días nuestros*. Poesía. Mayda Milián Ortiz.
180. *Los hilos de Ariadna*. Narrativa. José Antonio Martínez Coronel.
181. *Los imponderables reinos*. Poesía. Miladis Hernández Acosta.
182. *Los independientes de color*. Poesía. Armando Landa Vázquez.
183. *Los mapas del tiempo*. Poesía. Álex Padrón...
184. *Los maravillosos viajes de Globito*. Infantil ilustrado. Clara Lecuona Varela.
185. *Los sutiles vástagos*: poemas dispersos. Poesía. Milho Montenegro.
186. *Luna de aire*. Poesía infantil ilustrada. Yolanda Felicita Rodríguez Toledo.

187. *Lunaciones, antología personal*. Poesía. Rafael Vilches Proenza.
188. *Lunes primero*. Narrativa. Pablo Virgili Benítez.
189. *Luz de mágica sombra*. Poesía. Yasmín Sierra Montes.

190. *Malas palabras*. Poesía de Norge Sánchez...
191. *Maravilloso zoológico*. Ilustrado para niños. Pilar Doris Gálvez Martínez.
192. *Más solo que la Luna*. Narrativa. José Alberto Collazo Oramas.

193. *Máscaras*. Poesía. Lázaro Alfonso Díaz.
194. *Memorias de un kamikaze*. Poesía. Jorge Yassel Valdés Reyes.

195. *Memorias del abismo.* Poesía. Miladis Hernández Acosta.

196. *Miami, mi rincón querido. Antología ilustrada de cuento y poesía.* Eduardo René Casanova Ealo.

197. *Mirar, sufrir, gozar...La Habana.* Novela colectiva. Coordinador del proyecto: Lázaro Díaz Cala y Yoss.

198. *Mirar, sufrir, gozar...La Habana.* Novela colectiva. Lázaro A. Díaz Cala y Yoss

199. *Misa de ratones: nueve monólogos teatrales.* Teatro. Edgar Estaco Jardón.

200. *Momentos.* Poesía. Bárbara Olivera Más.

201. *Morir en el fin del mundo.* Narrativa. Amador Hernández Hernández.

202. *Mujeres con testículos.* Narrativa. José Alberto Collazo Oramas.

203. *Mundo invisible. Poesía para todas las edades.* Ronel González Sánchez

204. *Mundos paralelos y otros cuentos.* Narrativa. Gisela Lovio

205. *Muros y otras historias del fin del mundo.* Narrativa. Clara Lecuona Varela.

206. *Nadar entre dos aguas.* Narrativa. José Alberto Collazo Oramas.

207. *Navegación Impasible.* Poesía. Eduardo René Casanova Ealo.

208. *No despierten a las mariposas.* Narrativa infantil. Teresa Medina Rodríguez.

209. *NoSéDónde y el País de las cosas perdidas.* Literatura para jóvenes. José Luis Riverón Rodríguez.

www.ingramcontent.com/pod-product-compliance
Lightning Source LLC
Chambersburg PA
CBHW071332130726
47996CB00002B/727